Mariposa atlas

Grace Hansen

Abdo
INSECTOS IMPRESIONANTES
Kids

Abdo Kids Jumbo es una subdivisión de Abdo Kids
abdobooks.com

abdobooks.com

Published by Abdo Kids, a division of ABDO, P.O. Box 398166, Minneapolis, Minnesota 55439.

Printed in China

102024

012025

Spanish Translator: Maria Puchol

Photo Credits: iStock, Shutterstock

Production Contributors: Teddy Borth, Jennie Forsberg, Grace Hansen
Design Contributors: Candice Keimig, Victoria Bates

Library of Congress Control Number: 2024939021

Publisher's Cataloging-in-Publication Data

Names: Hansen, Grace, author.

Title: Mariposa atlas/ by Grace Hansen.

Other title: Atlas moth. Spanish

Description: Minneapolis, Minnesota: Abdo Kids, 2025. | Series: Insectos impresionantes | Includes online resources and index

Identifiers: ISBN 9798384904380 (lib.bdg.) | ISBN 9798384904946 (ebook)

Subjects: LCSH: Attacus--Juvenile literature. | Moths--Juvenile literature. | Insects--Juvenile literature. | Insects--Behavior--Juvenile literature. | Spanish language materials--Juvenile literature.

Classification: DDC 595.7--dc23

Contenido

La mariposa atlas

Esta mariposa es **originaria** de Asia. Puede verse en China y en la India, entre otros países.

La mariposa atlas habita en bosques y matorrales **tropicales**. Sus orugas encuentran mucho alimento en estas zonas.

Es uno de los insectos más grandes del mucho. La **envergadura** de sus alas puede llegar a medir 10 pulgadas (25.4 cm).

Las mariposas atlas pasan el día descansando porque son muy grandes. Reservan su energía para **aparearse**.

Esta mariposa no puede obtener energía de los alimentos porque no come. Solo come cuando es oruga y con eso **se sustenta** el resto de la vida.

Ciclo de vida

Las orugas o larvas de la mariposa atlas nacen de huevos. Comen muchas hojas y cuando han crecido lo suficiente, están listas para **pupar**.

Las orugas producen una seda fuerte de color café que usan para construir sus capullos.

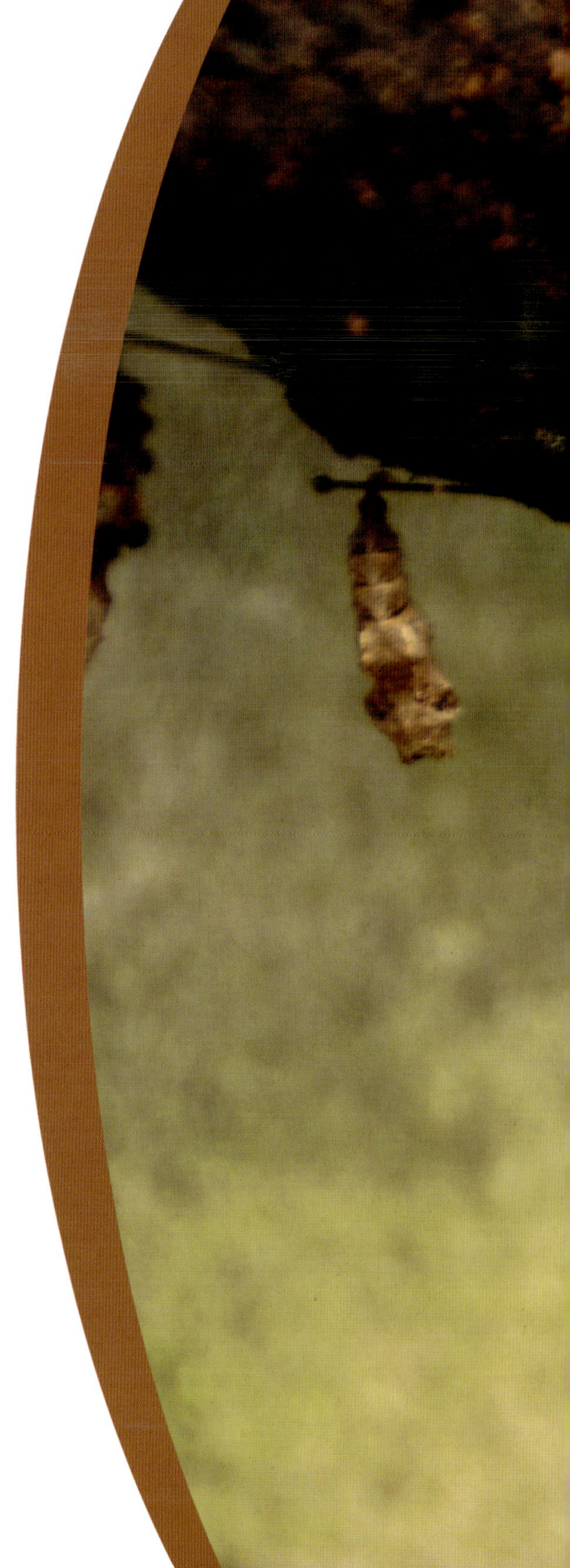

La mariposa sale del capullo cuatro semanas después. Cuando sus grandes alas se abren, muestran un precioso diseño.

Ese diseño es mucho más que belleza, les sirve para alejar a los **depredadores**. ¡Las puntas de las alas parecen cabezas de serpientes!

Más datos

- Esta mariposa también se encuentra en Malasia e Indonesia.
- La mariposa atlas sólo vive una o dos semanas.
- En algunos lugares, la gente colecciona los capullos de esta mariposa. Estos capullos son grandes y fuertes, y pueden usarse como bolsos de mano.

Glosario

aparearse – juntar machos y hembras de la misma especie para tener crías.

depredador – animal que caza otros animales para comérselos.

envergadura – distancia de punta a punta de las alas de un ave.

originario – que ha nacido o proviene de un lugar.

pupar – transformarse en pupa. Una pupa es el estado inactivo e inmaduro de un insecto, entre las etapas de larva y de adulto.

sustentarse – cubrir las necesidades básicas de la vida.

tropical – relativo a los trópicos o zonas cercanas al ecuador; son zonas cálidas todo el año.

Índice

¡Visita nuestra página **abdokids.com** para tener acceso a juegos, manualidades, videos y mucho más!

Los recursos de internet están en inglés.

Usa este código Abdo Kids

IAK7359

¡o escanea este código QR!